AF232430

Chemins de Fer de l'EST
Palais des Doges
VENISE
SAISON 1903

CHEMINS DE FER DE L'EST

SAISON THERMALE

Bains-les-Bains, Bourbonne-les-Bains, Bruyères, Bussang, Contrexéville, Gérardmer, Luxeuil, Martigny-les-Bains, Plombières et Vittel

EXCURSIONS EN FRANCE ET A L'ÉTRANGER

SUISSE — ITALIE — ALLEMAGNE — AUTRICHE — ETC.

Voitures directes de Paris aux Villes d'Eaux, Voitures à Couloir, Cabinets de Toilette, W.-C, Wagons-Restaurants

INSTITUT FRANÇAIS DES ARTS GRAPHIQUES

E. DEVERS & Cie

PARIS. — 17, Rue Guénégaud, 17. — PARIS

1903

SOMMAIRE

R. Renseignements Officiels

La Porte de Mars.

Reims. — *La Cathédrale de Reims* fut commencée en 1212. — Par l'ampleur de ses proportions et l'originalité de son style elle égale les plus belles cathédrales de France ; elle les surpasse par la richesse des objets d'art qu'elle contient : orgues, tapisseries, vitraux superbes dont quelques-uns de la maison Vermonet.

La Porte de Mars qui date de l'époque d'Auguste, rappelle ce que fut l'importance de la cité de Reims au temps de la domination romaine.

GIVET. — Vallée de la Meuse. — Depuis Mézières, la Meuse a coulé à travers les terrains schisteux de l'Ardenne, par des gorges encaissées et couronnées des beaux arbres de l'antique *Arduenna Sylva*, la plus vaste et la plus célèbre forêt de la Gaule. A Givet, point de départ de magnifiques excursions, la vallée s'élargit un peu et la Meuse devient très belle.

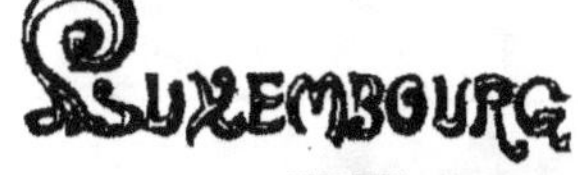

LUXEMBOURG

BILLETS SIMPLES :
1re classe 41 fr. 40; 2e classe 28 fr. 05 ; 3e classe 18 fr. 35

ALLER & RETOUR : (valable 10 jours)
1re classe 62 fr. 10 ; 2e classe 44 fr. 55 ; 3e classe 29 fr. 20

Ce petit coin de terre d'un pittoresque ravissant, attire d'année en année un nombre toujours croissant de touristes français qui vont y admirer les bords délicieux de la Moselle; cette sombre Our aux aspects romantiques qui baigne les ruines du château de Vianden citées parmi les plus imposantes que l'on connaisse. Puis c'est la nature grandiose et sauvage de la Sûre, rivière merveilleuse, profondément encaissée, au Nord, entre des montagnes abruptes dont les flancs ravinés sont recouverts de magnifiques forêts de chênes et de hêtres; à l'Est, entre des hauteurs boisées, couronnées de crêtes aigües et dentelées.

C'est dans ce cadre splendide aux environs d'Echternach, ville très ancienne, célèbre dans le monde entier pour sa procession dansante que se trouve ce merveilleux « Mullerthal » avec ses défilés sauvages, ses énormes rochers à pic aux cavernes béantes; aux formes les plus fantastiques; dans les profondeurs de

Vue du Mullerthal.

— 5 —

LUXEMBOURG. — Vue générale.

(Photo Nels.

ses ravins, dans les replis de
ses gorges boisées et som-
bres, de petits torrents se
frayent un passage et for-
ment des cascades étince-
lantes d'écumes. En dehors
de ces merveilles de la nature, d'imposantes ruines de
manoirs féodaux juchés en
nids d'aigle sur la cime de
rochers à pic, forcent l'admiration.

Luxembourg, capitale du
Grand-Duché, offre dès les
premiers pas, au touriste
étonné, la surprise d'une
vue panoramique imposante
et saisissante à la fois :
fonds qui se creusent en

Le Grand Pont de Luxembourg.

abîmes franchis par des viaducs gigantesques, escarpements aux assises colossales dominés par la
ville haute avec ses tours et tourelles, les villes basses que l'Alzette sillonne de ses capricieuses
sinuosités; des maisons et des édifices enfouis dans les gorges, accrochés aux versants, échelonnés
sur les pentes, couronnant les cimes. L'accident de terrain bizarre qui a créé l'ancienne forteresse
est d'un effet pittoresque indescriptible. Luxembourg possède un parc splendide qui suit le tracé
de l'ancienne enceinte.

Le palais Grand-Ducal (où Napoléon descendit en 1804) se distingue par l'élégance de ses lignes
et les détails de son architecture. Signalons la statue équestre de Guillaume II, la statue de la princesse
Amélie, l'église Notre-Dame avec ses belles sculptures, la chapelle Saint-Quirin, monument historique

très remarquable, le musée Pescatore avec ses toiles de grande valeur, et enfin le nouveau pont en maçonnerie qui en une seule arche de 84 mètres d'ouverture enjambe la vallée et à ce point de vue constitue une œuvre unique en son genre dans le monde entier.

A proximité des vallées de la Moselle et de la Sarre, si réputées pour leurs vins et si riches en merveilles de la nature, est située la ravissante station thermale de **Mondorf-les-Bains.** Ses eaux sont d'une efficacité étonnante dans les troubles chroniques des voies digestives, dans la congestion du foie qu'elles guérissent rapidement et infailliblement, dans la goutte, dans le diabète, dans les fièvres des pays chauds, dans les convalescences lentes après maladies graves (influenza, typhus, pleurésie, etc.), dans la nervosité à la suite de surmenage intellectuel ou d'émotions de la vie.

Les installations sont des plus confortables : bains d'eau minérale en baignoires, en piscines de natation, salle d'inhalation d'eau minérale pulvérisée réalisant les tout derniers perfectionnements; institut hydrothérapique vraiment modèle; bains de lumière électrique et appareils de thérapie mécanique. L'établissement est situé au milieu d'un parc élégant de seize hectares, agrémenté d'eaux vives et de cascades. (Voir : Guide pratique Conty " Le Luxembourg ".)

MONDORF-LES-BAINS. — Vue extérieure de la grande piscine de natation.

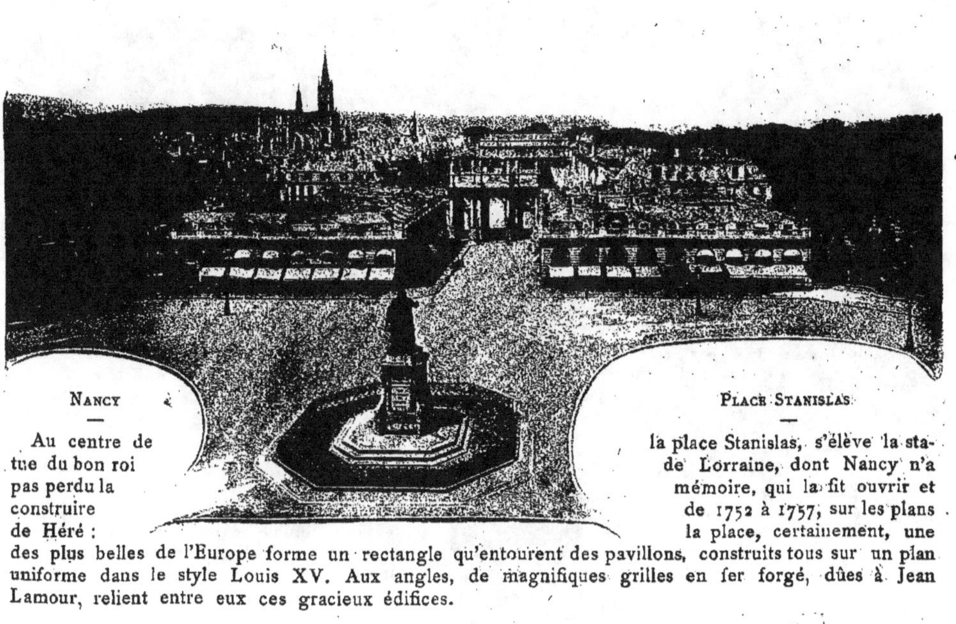

NANCY

—

Au centre de
tue du bon roi
pas perdu la
construire
de Héré :

PLACE STANISLAS

—

la place Stanislas, s'élève la sta-
de Lorraine, dont Nancy n'a
mémoire, qui la fit ouvrir et
de 1752 à 1757, sur les plans .
la place, certainement, une

des plus belles de l'Europe forme un rectangle qu'entourent des pavillons, construits tous sur un plan uniforme dans le style Louis XV. Aux angles, de magnifiques grilles en fer forgé, dûes à Jean Lamour, relient entre eux ces gracieux édifices.

DOMRÉMY.

Maison de Jeanne d'Arc.

Là vécut, de 1409 à 1429, une pauvre
paysanne : mais ce fut elle qui, plus tard,
délivra le royaume de France et fit sacrer
Charles VII à Reims. La chambre de Jeanne
d'Arc, sombre et exigüe est la plus humble
de cette humble maison; mais le souvenir
de la noble inspirée l'anime, et d'ailleurs, à
Domrémy, tout parle au voyageur de la
bergère lorraine.

Épinal

Épinal chef-lieu du département des Vosges, à 378 kilomètres de Paris, au pied des Vosges sur la Moselle qui s'y divise en deux bras, 26,525 habitants. Musée départemental fondé avec la collection des princes de Salm.

Vue Générale.

Très riche bibliothèque comprenant des manuscrits précieux, des reliures artistiques, etc., meubles du XVIIᵉ siècle provenant de l'abbaye de Moyenmoutiers. Maison romaine, reconstitution d'une villa Pompéienne, propriété de la ville.

Célèbre imagerie populaire fondée par Pellerin en 1790. Importantes usines de coton et d'impression sur étoffes.

La ville d'Épinal est dominée par le jardin public du château d'où l'on a une fort jolie vue sur la vallée de la Moselle. Dans le parc d'une contenance de 25 hectares, on peut encore voir les ruines de l'ancien château construit d'après certains chroniqueurs par un fils de Clodion-le-Chevelu ou de Pépin-le-Bref. Suivant d'autres, il serait antérieur à cette époque et aurait été détruit par les Barbares vers 406 et le nom d'Épinal viendrait des ronces et des épines qui pendant longtemps en couvrirent l'emplacement. Réédifié par les évêques de Metz vers 970, il appartint successivement à ces seigneurs puis au roi de France Charles VII et aux ducs de Lorraine jusqu'à l'année 1670 où il fut détruit par le maréchal de Créqui.

Bruyères en Vosges

(A 7 HEURES DE PARIS)

1ʳᵉ CL. **51** fr. **30**
2ᵉ CL. **34** fr. **60**

Bruyères est une jolie petite ville située à 479 mètres d'altitude, sur un col, au partage de la Vologne et de la Mortagne. Elle est entourée de trois côtés de hautes collines couvertes de pins, de sapins et de hêtres, sur lesquelles on peut faire les promenades les plus charmantes, très souvent sous bois. C'est un séjour parfait pour les personnes désirant une villégiature tranquille, et aimant les plaisirs simples de la nature. Les excusions y sont variées et très belles.

Vue générale de Bruyères.

Ruines
du
Château.

La *montagne du château*, délicieusement ombragée de hêtres magnifiques, montre les ruines d'un donjon ayant appartenu au duc de Lorraine. C'est ensuite l'*Avison* (601 mètres), dominé par un mirador avec table d'orientation et d'où l'on peut admirer, à l'est, le Hohneck et le Reinkopf; au midi, la chaîne de l'Ormont, Spiémont et la tête des Cuveaux; à l'ouest, la plaine des Vosges; au nord, l'Ormont de Saint-Dié et le Donon.

Gérardmer (A 7 H. 1/2 DE PARIS)

1ʳᵉ CL. : **53** FR. **75** — 2ᵉ CL. : **36** FR. **30**

(Viâ Chaumont, Port-d'Atelier, Épinal.)

1ʳᵉ CL. : **50** FR. **40** — 2ᵉ CL : **34** FRANCS

(Viâ Nancy, Épinal.)

GÉRARDMER. — Vue générale.

Si les Vosges en général sont riches en paysages clairs et gracieux, Gérardmer est sans contredit un des plus beaux sites de la contrée. Il est en effet le centre des plus charmantes excursions et résume en lui-même et dans ses alentours, toutes les beautés originales de la région.

On ne conçoit guère Gérardmer sans le *Grand Hôtel et l'Hôtel de la Poste*. Ce sont deux Perles qui se complètent l'une et l'autre. La première attire les touristes, la seconde les retient, les captive chaque année davantage depuis 1860.

Maison de tout premier ordre; elle a atteint aujourd'hui le dernier mot du confort; l'amabilité, la bonne grâce de ses propriétaires sont véritablement proverbiales. Aussi conseillons-nous de retenir à l'avance aussi bien les chambres à l'hôtel que les appartements de la villa située dans le parc. Télép., Mᵐᵉ Reiterhart, propriétaire.

Le Lac.

Gérardmer est à 671 mètres d'altitude. Il est relié par un
tramway éleyctrique aux lacs de Longemer et de Retourne-
mer, situés aux pieds de la Schlucht. L'été y est parti-
culièrement agréable, car, même par les plus chaudes journées, on y respire à l'aise un air pur et
frais, vivifié par les émanations balsamiques des
forêts de sapins et les senteurs des mille fleurettes
qui émaillent les coteaux environnants. Gérardmer
est encore une station merveilleuse comme cure d'air
pour les anémiques et les neurasthéniques qui peuvent suivre un traitement hydrothérapique dans le

GÉRARDMER. — Le Lac.

très conforta-
ble établissement
fondé par le doc-
teur Greuell et
dirigé par le doc-
teur Charles, ancien interne des hôpitaux de
Paris.

GÉRARDMER.

L'Établissement thermal.

Cet établissement, situé sur le boulevard
du Lac, est organisé avec tout le confort moderne. Des appareils perfectionnés permettent de
donner des douches froides et chaudes à volonté. Des
bains salés sont donnés à l'aide d'eaux mères très riches
en chlorure provenant des *Salins de l'Est*. Il y a également salles pour le massage, étuves pour la sudation,
piscines à eau froide.

Bussang

Ire CL. **54** FR. **55** — 2e CL. **36** FR. **80**

(Vià Nancy-Épinal.)

(Sources manganeso-ferru-
gineuses froides.)

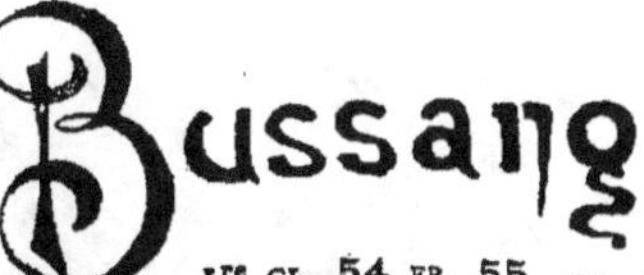
Cascade des Allemands.

Les Grands
Hôtels et le Col de Bussang.

Située au milieu des forêts, dotée d'eaux ferrugineuses d'une valeur inestimable, Bussang est le sé-jour par excellence des convalescents. Ses eaux sont *diges-tives, toniques et reconstituantes*. Leur composition, à la fois alcaline, ferrugineuse et arsenicale, leur assure une action efficace dans l'anémie, la dyspepsie, la gravelle, l'embarras gastrique, etc.

L'air de Bussang, tout chargé des vapeurs balsamiques des pins est un adjuvant précieux qui contribue beaucoup à la cure, et les enfants et les dames y ont vite recouvré une santé robuste.

Bussang est aussi un centre d'excursions où affluent les tou-ristes, et d'où l'on rapporte des souvenirs de la montagne, sculptés dans le merisier par les ingénieux habitants.

Bains les Bains

(A 7 H. 1/2 DE PARIS)

1ʳᵉ CL. **45 fr. 35**
2ᵉ CL. **30 fr. 60**
3ᵉ CL. **29 fr. 95**
(Viâ Chaumont-Port-d'Atelier.)

Station thermale, d'origine romaine. — L'établissement comprend : 1° le *Bain romain* rappelant l'ancien therme où furent captées les sources les plus chaudes (50° cent.). — 2° le *Bain-Neuf* où sont réunies d'abondantes eaux minérales à 34° ; et y attenant, d'un côté un beau parc tracé dans la prairie, le long du ruisseau, et de l'autre, un grand hôtel, casino et théâtre, — Prix de la pension, de **6** à **8** francs.

BAINS-LES-BAINS
Vue Générale.

Les Eaux, prises en boissons et bains, et suivant tous les procédés hydrothérapiques en usage, sont avantageuses dans les maladies chroniques, nerveuses et rhumatismales, dans les affections utérines et des voies digestives. Indépendamment de leur action propre, on trouve à Bains, dans des conditions particulières de simplicité et d'économie, tous les éléments d'une médication hygiénique par un régime fortifiant, l'air pur des forêts. Les excursions sont intéressantes et variées. En suivant la vallée du Coney, on arrive à la petite ville de *Fontenay-le-Château*, patrie du poète Gilbert, dans un site pittoresque.

Près de la gare, on monte au *Mirador de Noirmont*, d'où l'on a une vue panoramique des plus vastes.

Piscine du Bain Romain.

Plombières

La position de Plombières, son altitude de 456 mètres au milieu des montagnes vosgiennes, en font un séjour agréable et sain entre tous. Montaigne y vécut et après lui vinrent : le duc de Richelieu, Stanislas, roi de Pologne, Voltaire, Beaumarchais, l'Impératrice Joséphine et enfin l'empereur Napoléon III, à qui Plombières doit sa complète transformation.

Outre les Nouveaux Thermes, Plombières a encore six autres établissements de bains.

Enfin on a transformé les *Etuves Romaines*, découvertes en 1858 et qui présentent aujourd'hui un aménagement spécial comme il n'en existe nulle part ailleurs. Plombières possède trois salles d'inhalation où la pulvérisation de l'eau minérale se fait au moyen des appareils d'Appenzeller-Wasmuth qui sont les plus perfectionnés qu'on ait découverts jusqu'à ce jour. Il a été créé tout dernièrement deux établissements importants spécialement aménagés pour le traitement rationnel de l'entérocolite muco-membraneuse avec des appareils munis de tous les perfectionnements désirables.

Le casino de Plombières est placé sur la promenade, à proximité des anciens et des nouveaux thermes.

PLOMBIÈRES. — Vue Générale.

Luxeuil
les-Bains

Les eaux de Luxeuil sont alcalines et ferrugineuses, manganésiennes chaudes. L'usage interne de cette eau ferro-manganésienne convient aux jeunes filles chlorotiques. Les sources salines si variées fourniront un traitement approprié à toutes les formes de rhumatisme articulaires, synoviales, nerveux, etc. Luxeuil possède de nombreux monuments historiques; nombreuses aussi sont les promenades et excursions aux environs.

Martigny

Martigny-les-Bains, possède un parc immense au milieu duquel ont été édifiés quatre hôtels permettant de recevoir, à la fois, plus de 400 personnes. Les services hydrothérapiques et balnéaires, attenant aux hôtels ont été dotés des appareils les plus perfectionnés. — Excursions très nombreuses et variées.

Intérieur du Pavillon « La Source ».

A 5 h. 3/4 DE PARIS. — 1re CL., **41** FR.; 2e CL., **27** FR. **65**

Saison du **20** Mai au **20** Septembre.

CONTREXÉVILLE SOURCE DU PAVILLON

Sulfatée Calcique Bi-Carbonatée
—«» Magnésienne, Ferrugineuse, Lithinée «»—

FROIDE TEMPÉRATURE 11°,5

— LA REINE DES VOSGES —

A 6 HEURES DE PARIS. — 1re CL. : **41** FR. **55**; 2e CL. : **28** FR. **05**

« Grande Source. — Vue Générale de l'Établissement des Eaux minérales de Vittel. — Source salée. »

Schaffhouse.

Chûte du Rhin.

Station intermédiaire la plus belle et la mieux placée pour les voyageurs se rendant par la Forêt-Noire au Saint-Gothard ou de Bâle au lac de Constance, en Engadine ou au Tyrol. Environs magnifiques. Climat salubre. Chaque soir en été grande **Illumination** de la Chute. **Schaffhouse**, ville intéressante, ayant conservé son type du moyen-âge.

ZURICH (Suisse).

Belle, bien située sur son lac, riche et industrieuse, Zurich est une des plus grandes villes de la Suisse, comme elle en est l'une des plus attrayantes. Son passé historique très intéressant remonte à l'époque romaine. Elle est aujourd'hui l'un des foyers de lumière les plus vifs de la Suisse. On y voit le Musée national, monument remarquable, unique en Suisse, d'une richesse merveilleuse en objets suisses des siècles passés, remarquables soit par leur valeur historique soit comme œuvres d'art.

Zurich est une ville d'instruction de premier ordre. Ici se trouve l'École polytechnique fédérale, une université bien connue dans tous les pays de langue allemande, des écoles de toute nature et pour tous les âges.

Et ce ne sont pas que les gens studieux qui sont attirés à Zurich, les touristes amateurs du pittoresque, trouveront à côté du vieux Zurich, aux maisons du style suisse le plus pur, une ville moderne bien aérée,

ZURICH. — Panorama général.

superbement construite et d'un aspect élégant très marqué. Que de jolis coups d'œil sur ses magnifiques quais et dans les parcs charmants, dont la grève va se perdre dans les eaux lumineuses du lac ! Que de bons moments passés dans la belle Tonhalle, tandis que la musique d'un excellent orchestre retentit, que de jolies soirées au théâtre ! Et pour les dames, que de belles choses à voir dans les superbes magasins de soieries, pour lesquelles Zurich est réputé dans le monde entier !

L'excursionniste enfin peut, selon son humeur, se perdre dans les belles forêts du Zurichberg, arriver à l'hôtel du Dolder, luxueux établissement au milieu d'un parc superbe, jouissant d'un vue magnifique sur les Alpes ; il peut passer une charmante journée sur le lac, d'une rive à l'autre se laissant conduire, sans pouvoir dire laquelle est la plus jolie ; il peut, à Rapperswil, visiter le château massif, où se trouve une collection de reliques historiques polonaises ; il peut se perdre en rêveries exquises dans l'île si tranquille d'Ufenaw ; il peut enfin s'élever en chemin de fer à crémaillère jusqu'au sommet de l'Uetliberg, d'où la vue sur les Alpes est immense ; il peut, suivant la vallée de la Sihl, voir paître ou gambader les troupeaux de cerfs et de daims ; que dis-je, il peut à Zurich passer une vie agréable, utile, amusante, reposante, à son gré.

ZURICH. — Le quai Limmat et la Cathédrale.

[Pour renseignements et brochures illustrées, s'adresser au Bureau officiel de Renseignements Zurich.]

A Delle, le voyageur quitte définitivement la France et entre en Suisse. Cette entrée dans le pays du pittoresque par excellence est tout à fait encourageante. Bâle est en effet la ville la plus riche de l'Helvétie après en avoir été la plus florissante au XVI⁰ siècle. Les industries y sont encore très prospères et sa cathédrale, dont la construction eut des fortunes si diverses, ses cloîtres, son Pfalz, son hôtel de ville, son arsenal, son université, ses musées et ses promenades sont bien faits pour séduire et intéresser.

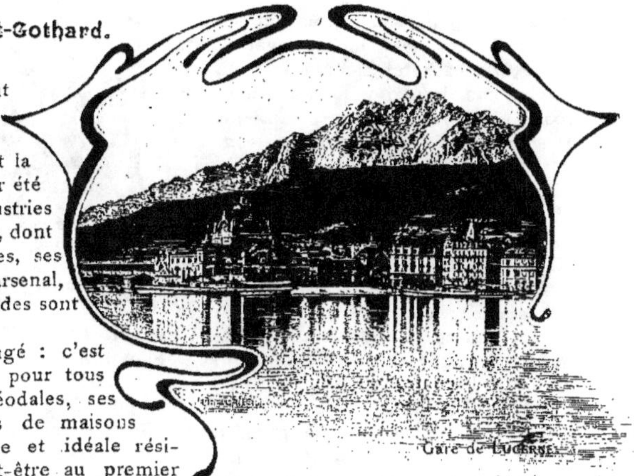

Lucerne en apparence, n'a pas changé : c'est toujours la ville on ne peut plus curieuse pour tous ses ponts, ses clochers, ses vieilles tours féodales, ses murailles crénelées, ses collines couvertes de maisons de campagne; c'est toujours la pittoresque et idéale résidence qu'une position unique place peut-être au premier rang dans une contrée ravissante au bord d'un lac admirable, entre le Pilate d'un côté, le Rigi de l'autre, en face des Alpes de Schwyz, d'Uri, d'Unterwalden et d'Engelberg; c'est bien toujours le même décor; pourtant, au second coup d'œil, toutes les transformations, tous les embellissements survenus depuis dix ans apparaissent successivement.

Mais les montagnes et les lacs sont toujours là immuables, pleins de grandeur et de grâce, et toujours d'imprévu! Que de perles dans ces écrins merveilleux : Weggis, Vitznau, Brunnen, Fluelen, Altdorf, Beckenried, Kussnacht, etc. Le lac, sans cesse sillonné de bateaux, bordé de riches villages, développe sa courbe capricieuse entre de hauts massifs; partout d'idylliques promontoires,

Gare de LUCERNE

d'exquises petites baies, partout des terrasses fleuries se penchant vers l'eau bleue ; pas un hôtel, pas une maison, pas la plus humble maisonnette qui n'ait son rosier pimpant, sa glycine, sa clématite. Dans chacun de ces riants villages on voudrait s'arrêter; on s'extasie à l'infini devant

Cet horizon fait pour le plaisir des yeux !

C'est à Lucerne que s'amorce le chemin de fer du Saint-Gothard, cette artère internationale dont la construction fut commencée en 1872 et qui, achevée en dix années, constitue un véritable triomphe remporté de nos jours par la science de l'ingénieur. Elle forme véritablement le trait d'union entre le Nord-Ouest ainsi que le centre de l'Europe et les voies ferrées de l'Italie. Sur un développement total de 276 kilomètres, la ligne du Saint-Gothard compte 1,384 travaux d'art, non compris 76 tunnels et galeries, dont 7 hélicoïdaux; le grand tunnel de Gœschenen à Airolo — à lui tout seul un travail gigantesque — a une longueur de 15 kil. Le coût total de construction de la ligne entière s'élève à 280 millions de francs environ. Nous n'en connaissons pas de plus curieuse et de plus pittoresque en Europe.

Le système sur lequel est basé le fonctionnement de cette grande œuvre inspire, même au moins observateur des touristes, un sentiment de sécurité et d'admiration : c'est un mécanisme immense dont les organes se meuvent avec la précision d'une délicate pièce d'horlogerie.

Il faut aussi signaler le fait que, depuis l'ouverture du service d'été 1897, le nombre des trains aussi bien que leur vitesse ont subi une sensible augmentation ; un rapide avec voitures de luxe et wagon-restaurant, deux express et un direct de nuit avec wagons-lits font journellement le trajet de Lucerne à Milan et vice-versa en 6 à 8 heures, selon la nature du train.

De *Lucerne*, la ligne se dirige sur *Meggen* en longeant le lac des Quatre-Cantons, touche *Kussnacht,*

Immensee, et atteint *Arth/Goldau*, point de soudure important d'où se détache l'embranchement d'Arth/Goldau à Zug (correspondance pour Zurich). D'Arth/Goldau, la ligne traverse le théâtre de l'éboulement du Rossberg (1806), passe à *Schwyz, Brunnen*, à la chapelle de Guillaume Tell et aboutit à *Fluelen*. Elle dessert ensuite *Altdorf*, où la tradition place la fameuse scène de la pomme entre Tell et Gessler, pour s'engager dans un paysage de plus en plus pittoresque, sauvage et grandiose. On sent l'approche du massif du Saint-Gothard dont les montagnes ont de 2.663 à 3.197 mètres d'élévation et le train franchit des précipices affreux sur des ponts et viaducs d'où le regard plonge sur des gouffres, des forêts et des habitations disséminées au fond de la vallée; puis, à de certains coudes, ce sont des échappées et comme des visions de paysages féeriques dont le souvenir est ineffaçable. Après avoir dépassé une série de dix-sept tunnels, dont trois, ceux du Pfaffensprung, de Wattingen et du Leggistein, sont hélicoïdaux, et après un nouveau pont jeté sur l'abîme vertigineux où la Reuss bouillonne à une profondeur de 44 mètres, nous atteignons *Gœschenen*, à l'embouchure nord du grand tunnel percé dans les entrailles du Saint-Gothard et qui, jusqu'à présent, est le plus grand tunnel du monde.

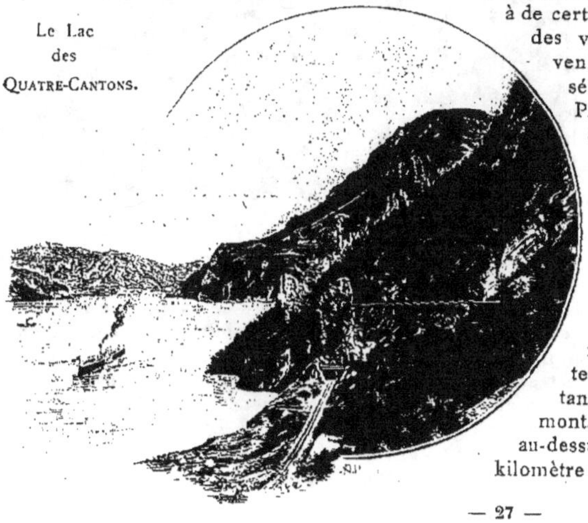

Son histoire et sa description tiennent du roman. Son tracé passe à 300 mètres exactement en-dessous du village d'Andermatt, tandis que plus loin le fond du petit lac de montagne Sella se trouve à plus de 1.000 mètres au-dessus du faîte du tunnel. De kilomètre en kilomètre sont disposées des lanternes numérotées

de 1 à 14. Des deux extrémités, la ligne
monte en pente douce vers le centre
du tunnel; le point culminant de celui-
ci et de la ligne entière est à l'altitude
de 1.154 mètres au-dessus du niveau de
la mer. Construit à double voie, le tunnel
a une largeur de 8 mètres sur 6 de hauteur. Son percement a coûté 60 millions
de francs. Les travaux commencèrent le
4 juin 1872, à Gœschenen, sur le versant
nord, et le 2 juillet 1872, à Airolo, sur le
versant sud; le nombre moyen d'ouvriers
employés à la construction était de 2.500
par jour. Le 19 juillet 1879, alors que
l'œuvre colossale allait bientôt être ter-
minée, le chef de l'entreprise, Louis
Favre, mourut frappé d'une attaque d'apo-
plexie pendant qu'il inspectait l'intérieur

Lacets de la ligne près WASSEN.

du tunnel. Le travail continua néanmoins; le 29 février 1880, la communication était établie entre
les deux extrémités et le télégraphe annonçait triomphalement au monde entier la grande nouvelle que
le percement du tunnel du Gothard était enfin un fait accompli. La statistique a démontré que les travaux
ont exigé l'emploi d'un million de kilogrammes de dynamite pour mines, d'un million sept cent mille kilogrammes d'huile pour éclairage et l'excavation de neuf cent mille mètres cubes de roche. Depuis le
commencement de l'année 1899, le tunnel est aéré artificiellement; de puissants ventilateurs (système
Saccardo) installés à Gœschenen projettent sans interruption de l'air frais dans le souterrain, de sorte
que les voyageurs ne sont nullement incommodés par la fumée des locomotives. La durée de la traversée
du tunnel varie, suivant la vitesse des trains, de 16 à 20 minutes.

Gœschenen est relié par un service régulier de diligences avec *Andermatt, Hospenthal, Disentis,* la

Furca et *l'Oberalp*. D'*Airolo*, extrémité sud du souterrain, la ligne va rejoindre le chemin de fer pour Milan par la vallée de la Lévantine, en suivant les rives du Tessin et les adorables lacs italiens. Le paysage change bientôt d'aspect; on abandonne enfin les massifs sévères, le domaine des rochers et des torrents, pour les sites riants et ensoleillés où fleurissent même la vigne et le figuier.

A 5 kilomètres environ de *Bellinzona*, après avoir dépassé *Giubiasco*, les tronçons de Locarno et de Luino sur le lac Majeur se détachent de la ligne principale et, suivant toujours la vallée du Tessin, traversent une contrée riante et fertile. A *Cadenazzo*, nouvelle bifurcation des deux tronçons que nous venons de citer. Laissons à gauche celui de *Luino*, ville située à quelques kilomètres plus au sud sur la rive gauche, et suivons l'embranchement de *Locarno* où, après avoir dépassé *Gordola*, nous arrivons en quelques minutes. Un cri d'admiration échappe au voyageur lorsqu'il voit la nappe azurée du lac se déployer tout à coup devant lui. Dans un site délicieux, abrité des vents du Nord par de hautes montagnes, parsemées de hameaux se mirant dans les ondes bleues d'un lac sans rival entouré d'une végétation exubérante de magnolias, de lauriers, de châtaigniers, Locarno charme toujours et fascine inévitablement l'étranger qui y débarque pour la première fois. Pour avoir une vue complète des alentours, il faut monter au sanctuaire de la Madonna del Sasso, couronnant un rocher boisé au-dessus de la ville et qui renferme la célèbre *Descente de Croix* de Ciceri. Reprenant notre voyage sur la ligne principale à Giubiasco, nous commençons la longue ascension du Monte-Ceneri. De minute en minute, l'œil plonge davantage sur la vallée du Tessin qui se

Lacets de la ligne près GIORNICO.

déploie à nos pieds comme une carte immense jusqu'à ce qu'un tunnel vienne masquer cet admirable paysage de la plaine tessinoise, en sortant du souterrain, le train pénètre dans la vallée de l'Agno, passe à *Taverne,* pour arriver, enfin à *Lugano.* Du point élevé où se trouve la gare, on jouit d'un panorama splendide.

A *Chiasso,* gare terminus du chemin de fer du Gothard, nous atteignons la frontière italienne. *Côme* n'est qu'à 5 kilomètres, *Milan* à 52 kilomètres de Chiasso.

Milan. — La Cathédrale.

Sur ce dernier parcours, la ligne traverse une contrée d'une grande fertilité où l'on découvre encore de toutes parts les traces du passé historique de la Lombardie, refoulées dans l'ombre cependant par les créations d'une civilisation nouvelle. Plongé dans une douce rêverie inspirée par ce mélange d'ancien et de nouveau, le touriste trouve que les derniers instants de son voyage s'envolent trop rapidement et, avant qu'il ait eu le temps de s'en apercevoir, le train qui l'a transporté à travers le massif sauvage du Gothard entre dans la vaste gare de Milan, où l'on trouve des correspondances directes, pour *Venise, Florence, Rome, Naples, Brindisi, Gênes, Nice,* etc.

Le **Rigi-Kaltbad** est une station climatérique et balnéaire très intéressante. Son incomparable position, son grand parc naturel, ses installations hydrothérapiques sont autant de privilèges que Kaltbad possède au plus haut degré. Devant l'édifice s'étend une vaste terrasse asphaltée d'où l'on jouit d'une vue grandiose.

330 chambres avec 456 lits répondent à toutes les exigences; à côté de tout le confort possible, Kaltbad offre encore d'autres avantages : poste et télégraphe, téléphone, services divins catholique, protestant et anglican; concerts, journaux, lawn-tennis, ascenseur, lumière électrique partout. De plus, par sa situation élevée (1450^m), la station de Rigi-Kaltbad présente donc tous les avantages du climat alpestre et peut être recommandé grâce à sa situation abritée, comme station favorable aux cures aussi bien pendant l'avant qu'à l'arrière-saison.

—

L'Engadine a en été un climat très doux, un air très pur : aussi de nombreux visiteurs viennent y chercher la santé ; au pied de l'Albula et du Bernina, à une hauteur de 1,800 m. dans la région des pâturages : Saint-Moritz est la plus considérable des stations qui reçoivent les étrangers épuisés par la vie débilitante des villes.

Saint-Moritz sera desservi par la station de Celerina dans le courant de l'été 1903.

PAVIE

—

La Chartreuse.

~

La Chartreuse
de Pavie s'élève
à 8 kilomètres de
cette ville au mi-
lieu d'une plaine
fertile : avec ses
cloîtres et ses bâ-
timents de service,
elle occupe l'em-
placement d'un
gros village. La fa-
çade de l'église,
dans le style roma-
no-lombard, est en
marbre blanc et date
de la Renaissance.
L'intérieur contient
le tombeau de Lu-
dovic le More, dessiné par Pellegrini
et une Assomption d'André Solari.

Loggia des Lanzi.

La Loggia des Lanzi occupe un des côtés de la place de la Seigneurie : c'est un gracieux portique dont le toit s'appuie sur de délicates colonnes supportant des voutes élégantes ; c'est de là que, au temps de la République, on adressait les proclamations au peuple : aujourd'hui les Florentins y flânent au milieu des chefs-d'œuvres de Benvenuto Cellini et de Donatello.

Venise est bâtie sur 117 îlots, séparés par près de mille canaux étroits, où les édifices, palais et églises, baignent leur pied : plus de 400 ponts sont jetés sur ces canaux; mais la circulation s'y fait surtout au moyen des gondoles. Le plus grand des canaux est le Grand Canal, long de 3,700 mètres, large de 60, sur lequel est jeté le célèbre pont du Rialto. — A Venise tout est à voir. Citons simplement : 1° Saint-Marc bâtie de 927 à 1071, curieux spécimen de l'architecture byzantine en forme de croix grecque, surmontée de cinq coupoles. La façade est couverte de mosaïque, l'intérieur en forme de vaisseau à trois nefs, décorées avec une profusion inouïe de marbre, de porphyre, d'émaux et d'or; 2° le Palais des Doges superbe édifice des xive et xve siècles, dont les façades sont ornées d'une admirable colonnade à deux étages, dans le style arabe.

L'église consacrée
au patron de Padoue
est de proportions
gigantesques : 115
mètres de long sur
55 de large. Com-
mencée en 1231,
achevée en 1575,
restaurée en 1749,
elle est remarquable
par l'alliance du style
byzantin et du style
gothique : elle est
ornée d'une magni-
fique chapelle con-
tenant les reliques
du Saint et de nom-
breuses fresques, ta-
bleaux et statues.

—

Place de la Fontaine.

~

Nuremberg est la ville d'Europe qui, avec ses fossés, ses tours et ses hautes murailles, ses maisons à pignons et ses rues tortueuses, a le mieux gardé son aspect du moyen âge.

En face de la célèbre église de la Frauenkirche, au centre de la place, se dresse la fontaine du marché, que les gens du pays appellent simplement la « belle fontaine » : c'est une colonne de 20 mètres environ, finement ouvragée, fouillée et sculptée, ornée de gracieuses figurines : elle est l'œuvre d'un célèbre sculpteur du XIVᵉ siècle, maître Henri le Balier.

—

Château
de Linderhof.

—

En Bavière s'é-
lèvent des châ-
teaux pittoresques
et intéressants à
visiter : On peut
citer en particulier
les châteaux de
Hohenschwangau,
Linderhof, Neu-
schwanshein et
Herrenchiemse.
Les trois der-
niers ont été cons-
truits par le roi
Louis II de Ba-
vière.

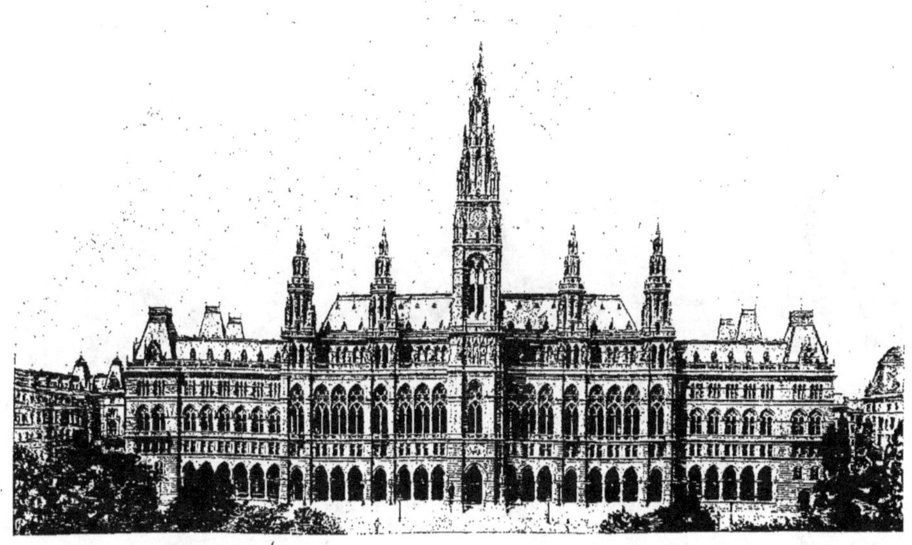

VIENNE. Le Ring (Hôtel de Ville). — Le Ring est bordé par de nombreux monuments : parmi eux, il faut mentionner surtout l'Hôtel de Ville, imposant édifice du style gothique allemand, bâti de 1872 à 1883, et qui peut être rangé parmi les plus beaux monuments de l'architecture contemporaine. Il est flanqué par l'Université et par le Palais du Parlement.

Constantinople. Le Bosphore. — Avec ses sept contours, véritables méandres, avec ses innombrables caïques, le Bosphore ressemble à une large et belle rivière. Mais c'est la rivière sur laquelle est bâtie une des plus célèbres villes du monde, la rivière que dominent les palais, les mosquées et les minarets de la célèbre Stamboul.

Assise sur des collines en pentes douces vers la mer de Marmara, à l'entrée du Bosphore sur la baie sinueuse qui par sa forme et la richesse de son commerce lui a valu le nom de Corne d'Or, Constantinople semble devoir être le trait-d'union obligé de l'Europe et de l'Asie, que moins d'un kilomètre sépare l'une de l'autre.

Saison Thermale

Paris à Bains, Bourbonne-les-Bains, Contrexéville, Luxeuil-les-Bains, Martigny Plombières et Vittel.

Afin de faciliter les voyages à destination des villes d'eaux situées sur son réseau, la Compagnie de l'Est met en marche tous les jours, du 1er juin au 20 septembre, des trains express spécialement destinés au service des villes d'eaux.

Ces trains comprennent :

1º Des voitures directes de 1re et 2e classes à couloir et à water-closet et lavabo, circulant entre Paris et : Martigny, Contrexéville, Vittel, Mirecourt, Bourbonne-les-Bains et Plombières; les voyageurs pour Luxeuil ont une voiture directe dans le train spécial partant de Paris; cette voiture revient par un express de nuit. Les voyageurs pour Bains changent de train à Aillevillers.

2º Un wagon-restaurant circulant entre Paris et Chaumont et permettant aux voyageurs de déjeuner dans le train à l'aller et d'y dîner au retour.

Départ de Paris (gare de l'Est) vers 10 h. 3/4 du matin; arrivée à destination dans toutes les villes d'eaux avant l'heure du dîner.

Pour le retour, les départs ont lieu après l'heure du déjeuner et on arrive à Paris à 8 h. 45 du soir.

Paris à Gérardmer et à Bussang.

Le trajet de Paris à Gérardmer et à Bussang peut s'effectuer par trois express, deux de jour et un de nuit. Ces trains partent de Paris vers 8 h. 1/2 du matin (1re classe), midi 1/2 (1re, 2e et 3e classes) et 10 h. 1/2 du soir (1re, 2e et 3e classes) pour arriver, le premier, à Gérardmer vers 6 h. 1/2 et à Bussang vers 6 h. 1/4 du soir; le second à Gérardmer et à Bussang vers 10 heures du soir; le troisième à Gérardmer et à Bussang vers 9 heures du matin. Un wagon-restaurant circule entre Paris et Nancy, dans le train du matin.

Pendant la saison d'été, la Compagnie de l'Est organise des services rapides spéciaux avec voitures directes entre Paris et Gérardmer, savoir :

Du 15 juin au 20 septembre, départ de Paris vers 8 h. 1/2 du matin pour arriver à Gérardmer vers 4 h. 1/4 du soir. Au retour, départ de Gérardmer vers 9 h. 1/2 du matin pour arriver à Paris vers 6 heures du soir (voiture directe de 1re classe à couloir et à water-closet).

Du 10 juillet au 20 septembre, départ de Paris vers 10 h. 1/2 du soir, arrivée à Gérardmer vers 8 1/2 du matin. Au retour, départ de Gérardmer vers 1 heure du soir, arrivée à Paris vers 9 h. 1/2 du soir (voiture directe de 1re et 2e classes à couloir et à water-closet).

Stations Thermales

ET VALLÉE DE LA MEUSE

BILLETS D'ALLER ET RETOUR DE FAMILLE

Il est délivré, du 15 Mai au 15 Septembre, dans toutes les gares du réseau de l'Est, sous condition d'effectuer un parcours minimum de 300 kilomètres (aller et retour compris), aux familles d'au moins trois personnes payant place entière et voyageant ensemble, des billets d'aller et retour de famille, de 1re et 2e classes pour les stations suivantes :

Bains, Bourbonne-les-Bains, Bussang, Contrexéville, Gérardmer, Givet, Luxeuil-les-Bains, Martigny-les-Bains, Plombières-les-Bains, Sermaize-les-Bains et Vittel.

Les billets sont établis par l'itinéraire à la convenance du public. L'itinéraire peut n'être pas le même à l'aller et au retour.

Le prix s'obtient en ajoutant au prix de quatre billets simples ordinaires au tarif plein, le prix d'un de ces billets pour chaque nombre de la famille en plus de deux. Si l'itinéraire n'est pas le même à l'aller et au retour, on calcule au tarif ordinaire des billets simples le prix des trajets d'aller et retour des deux premières personnes ; le quart du prix obtenu représente la somme à percevoir en sus pour chaque membre de la famille en plus de deux.

Deux enfants de trois à sept ans sont comptés pour un voyageur à place entière. Pour un seul enfant, le prix est la moitié de celui que payerait un voyageur à place entière.

Les billets sont collectifs et nominatifs. Ils ne peuvent servir qu'aux personnes de la même famille, savoir : père, mère, enfant, grand-père, grand'mère, beau-père, belle-mère, gendre et belle-fille, frère, sœur, beau-frère, belle-sœur, oncle, tante, neveu et nièce, ainsi qu'aux serviteurs attachés à la famille. Ces derniers pourront, lorsque la demande en sera faite en même temps que celle du billet, prendre place dans une autre classe de voiture ou même dans un autre train que la famille. Dans ce cas, il sera délivré deux billets distincts, l'un pour la famille, l'autre pour les serviteurs (1), et le prix des deux billets sera établi d'après le nombre total des personnes.

La durée de validité, à compter du jour de départ, ce jour non compris, est de 30 jours. Elle peut être prolongée une ou plusieurs fois d'une période de 15 jours, moyennant paiement, pour chaque prolongation, d'un supplément de 10 pour 100 du prix initial du billet.

Demandes de Billets. — Les billets doivent être demandés quatre jours au moins à l'avance.

Arrêts. — Les voyageurs ont la faculté de s'arrêter à toutes les gares du parcours ; mais ils doivent à l'arrivée faire apposer sur leurs billets le timbre de la gare d'arrêt.

Il est également délivré dans toutes les gares du réseau P. L. M., à partir du samedi veille de la fête des Rameaux au 31 octobre inclus, des billets d'aller et retour de famille de 1re et 2e classes, valables 33 jours, pour les stations du réseau de l'Est indiquées ci-dessus aux familles d'au moins 4 personnes.

(1) Par exception, le billet pour les serviteurs pourra être de 3e classe.

Voyages Circulaires de Saison à Prix réduits à Itinéraires fixes

I. PARIS, LES VOSGES et BELFORT

A. — BILLETS INDIVIDUELS

Durée du Voyage : 33 jours. 1re classe **85** *francs.* — *2e classe* **62** *francs.*

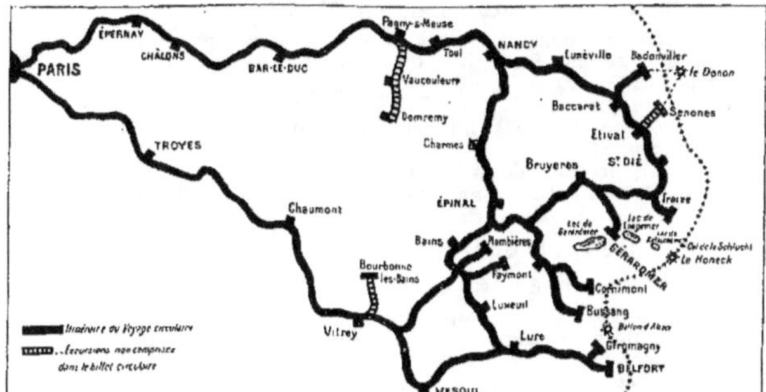

Délivrance des billets du 1er Mai au 15 Octobre inclus, dans toutes les gares situées entre Paris et Bar-le-Duc, et entre Paris et Chaumont inclus. Les demandes de billets aux gares chargées de la délivrance (Paris excepté) doivent être faites au moins trois jours avant le jour du départ.

Les voyageurs peuvent, sous certaines conditions, revenir à leur point de départ par la ligne suivie à l'aller. Ce retour direct s'effectue sans arrêt.

B. — Billets Collectifs.

Il est délivré également des billets collectifs aux familles d'au moins quatre personnes payant place entière et voyageant ensemble.

Le prix s'obtient en ajoutant aux prix de trois billets individuels la moitié du prix d'un de ces billets pour chaque membre de la famille en plus de trois.

Les titulaires d'un même billet collectif sont tenus de voyager ensemble. Toutefois, les domestiques peuvent prendre place dans une autre classe de voiture et même dans un autre train que la famille.

EXCURSIONS NON COMPRISES DANS LE VOYAGE CIRCULAIRE

D'Étival à Senones : 1re Cl. 0 fr. 95; 2e Cl. 0 fr. 70 | De Vitrey à Bourbonne-les-Bains et retour : 1re Cl. 2 fr. 80; 2e Cl. 1 fr. 90.

Excursion au pays de Jeanne-D'Arc : de Pagny-sur-Meuse à Vaucouleurs et Domremy et retour : 1re Cl. 4 fr. 80; 2e Cl. 3 fr. 65.

II. — Les Vosges au départ de Nancy, de Saint-Dié, de Gérardmer, d'Épinal, etc., viâ Toul, Pagny-sur-Meuse, Neufchâteau (Durée du Voyage 15 Jours).

A. — Billets Individuels. — 1re Cl. 33 fr.; 2e Cl. 25 fr.; 3e Cl. 18 fr. | B. — Billets Collectifs Comme ci-dessus (I. B.).

Délivrance des BILLETS du 1er Mai au 15 Octobre inclus, à toutes les Gares du parcours.

III. — LES VOSGES au départ de Nancy, de St-DIÉ, de GÉRARDMER, d'ÉPINAL, etc., viâ CHARMES-ÉPINAL *(Durée du Voyage 10 Jours).*

A. — BILLETS INDIVIDUELS : 1ʳᵉ classe, **24** fr. ; 2ᵉ classe, **18** fr. ; 3ᵉ classe, **13** fr.

B. — BILLETS COLLECTIFS, comme ci-contre (**I. B.**)

Délivrance des BILLETS à toutes les gares du parcours, du 1ᵉʳ Mai au 15 Octobre.

Conditions communes aux Voyages Circulaires I, II, III.

Prolongation. — La durée de validité des billets circulaires peut être, à deux reprises, prolongée de moitié, moyennant le paiement, pour chaque prolongation, d'un supplément égal à 10 0/0 du prix total initial du billet. On peut payer en une seule fois le supplément correspondant aux deux périodes de prolongation.

Enfants. — Les enfants de **3** à **7** ans paient demi-place.

Arrêts. — Sauf le cas de retour direct prévu ci-contre (**I. A.**), les voyageurs peuvent s'arrêter à toute station située sur le parcours, à charge d'y faire timbrer leur billet.

Nota. — Des billets d'aller et retour valables 33 jours sont délivrés conjointement avec les billets des voyages circulaires **Paris-Vosges** ou **Laon-Vosges**, suivant le cas, par les gares des chemins de fer de **l'Etat**, de **l'Orléans** de **l'Ouest** et du **Nord**.

A L'ÉTRANGER

Excursions en Suisse

Pendant la Saison d'Été, il est délivré au départ de Paris (Est) des billets d'aller et retour, à prix réduits, valables 60 jours, pour Berne, Interlaken, Bâle, Rheinfelden, Schinznach, Baden, Lucerne, Zurich, Einsiedeln, St-Gall, Ragatz, Landquart, Davos-Platz, Coire et Thusis. — Certaines gares désignées des réseaux du Nord et de l'Est délivrent également ment des billets analogues pour Bâle, Lucerne, Zurich, Berne, Einsiedeln et Interlaken.

Excursions à Baden-Baden

Les voyageurs pourront se procurer, pendant la Saison d'Été, à la gare de Paris (Est) des billets d'aller et retour à prix réduits pour Baden-Baden, valables 60 jours.

Voyages Circulaires et Excursions de Saison à l'Étranger

Pendant la Saison d'Été, la Compagnie des Chemins de fer de l'Est met à la disposition des Voyageurs des billets circulaires à prix très réduits pour visiter : la Vallée de la Meuse, Hastière et Dinant *(Belgique)* ; la Forêt Noire et la Suisse ; la Suisse (Lac des 4 Cantons, Engadine, les Alpes, le Jura Bernois, le Lac de Genève) ; le Tyrol Bavarois, le Tyrol Autrichien et la Suisse ; l'Allemagne, l'Autriche, l'Italie et les Lacs Italiens.

De PARIS en SUISSE, viâ BELFORT-BALE (Services directs permanents)

Deux trains rapides composés de voitures de 1re et 2e classes à couloir, des types les plus récents, avec cabinets de toilette et water-closet circulent journellement dans chaque sens entre Paris (Est) et Bâle. Les trains de jour comportent, en outre, un wagon-restaurant et ceux de nuit un Sleeping-Car de la Compagnie Internationale des Wagons-Lits.

Le trajet de Paris à Bâle s'effectue en 8 heures sans changement de voiture.

Ces trains sont en correspondance à **Delémont** ou à **Bâle** avec les trains Suisses desservant : **Bienne, Berne, Lucerne, Baden, Zug, Glaris, Ragatz, Coire, Célérina (St-Moritz)** (par la nouvelle ligne de l'Albula) et **l'Engadine, Winterthur, Schaffhouse, Constance, Romanshorn, Rorschach, Lindau et St-Gall.**

Billets directs simples et d'aller et retour : il est délivré toute l'année de Paris et des principales villes des réseaux du Nord et de l'Est pour les principales localités de la Suisse des billets simples valables 5 jours et des billets d'aller et retour, valables de 10 à 16 jours. Ces billets qui embrassent des itinéraires variés permettent aux voyageurs de s'arrêter aux stations intermédiaires.

Il est délivré aussi toute l'année conjointement avec les billets d'aller et retour, valables 33 jours, de Paris à l'un quelconque des points de Bâle (viâ Petit-Croix), Delle-frontière, Villers-frontière, les Verrières-frontière, Vallorbe-frontière et Genève, et retour de l'un quelconque de ces points à Paris, des cartes d'abonnement Suisses valables pendant 15 ou 30 jours.

Les billets d'aller et retour permettent d'effectuer l'aller et le retour par la même voie ou bien d'entrer en Suisse par l'un des points désignés ci-dessus et d'en sortir par un autre quelconque de ces points.

Les cartes d'abonnement Suisses sont également délivrées toute l'année dans les gares des réseaux de l'Est et de P. L. M. aux voyageurs munis ou non d'un titre quelconque de transport.

Services temporaires de luxe vers l'Engadine, Lucerne et Interlaken

La Compagnie de l'Est organise du 2 juillet au 15 septembre, avec le concours de la Compagnie Internationale des Wagons-Lits, un service quotidien de Trains de Luxe entre Paris, l'Engadine et Lucerne, prolongé sur Interlaken deux fois par semaine, dernier départ d'Interlaken le 10 septembre.

Départ de Paris vers 7 h. du soir. — Arrivée à Lucerne vers 8 h. du matin (Heure de l'Europe Centrale); à Zurich vers 7 h. du matin (H. E. C.) ; à Coire vers 9 h. 3/4 du matin (H. E. C.) ; à Interlaken à 8.15 matin (H. E. C.).

Départ d'Interlaken à 9.35 soir (H. E. C.); de Coire vers 7 1/2 du soir (H. E. C.) ; de Zurich vers 10 h. du soir (H. E. C.) ; de Lucerne vers 9 h. 3/4 du soir (H. E. C.). — Arrivée à Paris vers 8 h. 1/2 du matin.

Ces trains composés exclusivement de wagons-lits et d'un wagon-restaurant admettent les voyageurs moyennant le paiement de suppléments très modérés.

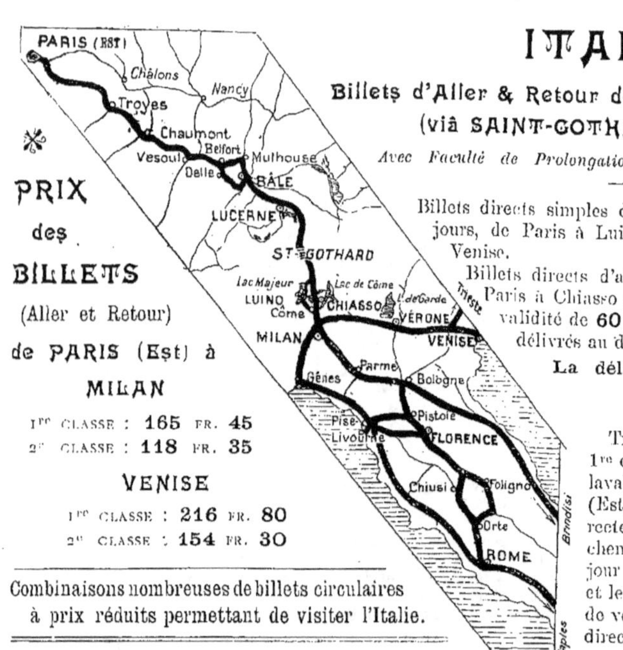

ITALIE

Billets d'Aller & Retour de PARIS à MILAN, VENISE (viâ SAINT-GOTHARD), Validité : 30 jours.

Avec Faculté de Prolongation moyennant Supplément de Prix.

Billets directs simples de 1re, 2e et 3e classes valables dix jours, de Paris à Luino, Milan, Florence, Rome, Vérone, Venise.

Billets directs d'aller et retour de 1re et 2e classe, de Paris à Chiasso et à Luino, pouvant être soudés, avec validité de 60 jours, aux billets circulaires italiens délivrés au départ de Chiasso et de Luino.

La délivrance des Billets ci-dessus à lieu toute l'année.

Trains rapides composés de voitures de 1re et 2e classes à intercirculation avec lavabos et water-closets, entre Paris (Est) et Bâle et en correspondance directe à Bâle avec les trains rapides du chemin de fer du Gothard. Les trains de jour sont munis d'un wagon-restaurant, et les trains de nuit d'un Sleeping-Car et de voitures salons, ainsi que d'une voiture directe de 1re classe de Paris à Milan.

PRIX des BILLETS

(Aller et Retour)

de PARIS (Est) à

MILAN

1re CLASSE : **165** FR. **45**
2e CLASSE : **118** FR. **35**

VENISE

1re CLASSE : **216** FR. **80**
2e CLASSE : **154** FR. **30**

Combinaisons nombreuses de billets circulaires à prix réduits permettant de visiter l'Italie.

De PARIS en ALLEMAGNE, de Paris à Francfort-sur-Mein et au-delà

VIA PAGNY-SUR-MOSELLE ET AVRICOURT

Service direct de jour (1re et 2e cl.) entre Paris et Francfort et vice-versa. Dép. de Paris à 8h. 25 mat., arr. à Francfort vers 9 h. 15 s. (H. E. C.). Dép. de Francfort vers 7 h. mat. (H. E. C.), arr. à Paris à 6 h. 12 s. Durée du trajet : 12 heures.

Wagon-restaurant, à l'aller, entre Paris et Frouard.

Service direct par les trains de nuit. — 1re et 2e cl. — wagons-lits. Dép. de Paris à 8 h. 25 s. Arr. a Francfort vers 11 h. 15 du mat. (H. E. C.). Dép. de Francfort vers 6 h. 45 du s. (H. E. C.). Arr. à Paris à 8 h. 45 du matin.

Nombreuses correspondances à Metz, Sarrebrück, Mayence, Francfort vers Coblence, Wiesbaden, le Palatinat, le Nord de la Bavière (Bayreuth), la Thuringue et la Saxe.

DE PARIS à BADEN-BADEN

Dép. vers 8 h. 25 du mat. Arr. vers 7 h. 45 du s. (H. E. C.) Wagon-restaurant de Paris à Nancy.

Billets d'Aller et Retour de Saison de **PARIS à BABEN-BADEN** :

1re classe : 102 fr. 80. — 2e classe : 70 fr. 20, délivré du 1er Avril au 15 Octobre. — Validité 60 jours.

TRAINS DE LUXE. — De PARIS en ALLEMAGNE, en AUTRICHE. De PARIS à NUREMBERG, BAYREUTH et aux VILLES d'EAUX de BOHÈME. De PARIS à MUNICH et à VIENNE.

Service direct de Paris à Vienne et à Munich par l'Express d'Orient viâ Strasbourg, Stuttgart, Munich, Salzbourg (Salz-Kammergut et Ischl), Linz. — Dép. de Paris à 7 h. 08 du s. ; arr. à Vienne le lendemain vers 5 h. 45 du s. (H. E. C.). — L'Express d'Orient peut être avantageusement employé pour les relations de la France avec un grand nombre de villes d'Allemagne et d'Autriche-Hongrie.

De Paris à Baden-Baden par l'Express d'Orient entre Paris et Oos en 8 h. 1/2
— à Manheim . . } par l'Express d'Orient { en 10 h. 1/2
— à Francfort . . } viâ Carlsruhe : { en 11 h. 1/2

De PARIS à CARLSBAD, BAYREUTH et aux VILLES d'EAUX de BOHÈME

Du 15 Juin au 15 Septembre, un train de luxe circule tous les jours entre Paris et Carlsbad, par Nuremberg, avec correspondance sur Bayreuth. — *(Départ de Paris à 7 h. 10 du soir).*

De Paris à Nuremberg trajet en 14 h. 1/4   De Paris à Teplitz trajet en 25 h.
— à Bayreuth   —   18 h.   — à Prague — 24 h.
— à Carlsbad   —   18 h. 1/4

Retour dans des conditions analogues.

Ces trains de luxe, formés exclusivement de Sleeping-Cars et de wagons-salon et restaurant, admettent les voyageurs de 1re classe moyennant le paiement de suppléments très modérés, savoir : de Paris à Oos (Baden-Baden), 16 fr. 70 ; à Carlsruhe, 17 fr. 50 ; à Stuttgart, 19 fr. 70 ; à Munich, 25 fr. 80 ; à Vienne, 37 fr. 40. — Service rapide entre Paris et Vienne (Autriche).

Pendant toute l'année, une voiture directe de 1re et 2e classes circule dans chacun des trains express suivants :

Départs de Paris : vers midi 1/2, 10 h. 40 soir. — Arrivées à Vienne : vers 7 h. soir, 6 h. matin (H. E. C.).

Départs de Vienne : vers 8 h. 1/2 soir, 10 h. matin (H. E. C.). — Arrivées à Paris 10 h. 55 soir, 1 h. 26 soir.

L'heure de l'Europe Centrale est en avance de 55 minutes sur l'heure intérieure des gares françaises.

Nota. — Pour les prix, conditions et autres renseignements se rapportant aux billets, carnets d'excursion, cartes d'abonnement, etc., consulter le Livret des Voyages Circulaires que la Compagnie des Chemins de fer de l'Est envoie gratuitement aux personnes qui en font la demande.

En FRANCE et à l'ÉTRANGER

Avec ITINÉRAIRE tracé au gré des VOYAGEURS

La Compagnie des Chemins de fer de l'Est délivre toute l'année des Livrets à coupons combinables, à prix réduits, de l'Union de Chemins de fer Européens, permettant aux voyageurs de composer à leur gré un voyage sur les réseaux de l'**Est**, du **Nord**, de l'**Ouest** et de **Paris-Lyon-Méditerrané** (*) et dans les pays désignés ci-après : *Allemagne, Autriche-Hongrie, Belgique, Bosnie-Herzégovine, Bulgarie, Danemark, Finlande, Grand Duché de Luxembourg, Norvège, Pays-Bas, Roumanie, Serbie, Suède, Suisse et Turquie* (*).

La réduction par rapport aux prix des billets simples atteint et dépasse **20 0/0.**

Les principales conditions d'émission de ces Livrets sont les suivantes :

L'itinéraire doit emprunter à la fois des lignes françaises et étrangères et ramener le voyageur à son point de départ initial ; il peut affecter la forme d'un voyage circulaire ou celle d'un aller et retour.

Le parcours tarifé ne peut être inférieur à 600 kilomètres ; la durée de validité des Livrets est de **45 jours** lorsque le parcours ne dépasse pas 2.000 kilomètres ; elle est de **60 jours** pour les parcours plus longs.

Les Livrets doivent être demandés à l'avance ; il n'est pas concédé de franchise de bagages.

Les enfants âgés de **4** ans et moins sont transportés gratuitement s'ils n'occupent pas une place distincte ; au-dessus de **4** ans jusqu'à **10** ans, ils bénéficient d'une réduction de **50 0/0.**

NOTA. — Pour tous autres renseignements, consulter : 1° le Livret des voyages circulaires et excursions de la Compagnie des Chemins de fer de l'Est ; 2° le Tarif international G. V. N° 205 qui est déposé dans les gares.

(') A partir du 1er juin 1903, la délivrance des Livrets à coupons combinables sera étendue aux chemins de fer français de l'Etat, du Midi et d'Orléans, ainsi qu'aux réseaux des chemins de fer italiens.

De PARIS à LUXEMBOURG et aux BORDS du RHIN

Par le Grand-Duché de Luxembourg

Route la plus Rapide et la moins Coûteuse (Services directs permanents).

Des trains rapides circulent dans chaque sens entre Paris et Luxembourg et au-delà vers l'Allemagne pour les bords du Rhin par la voie de la Ferté-Milon, Reims, Charleville, Sedan, Longuyon, Longwy, Rodange, Luxembourg, Trèves et Coblence.

Cette voie est la plus rapide et la moins coûteuse : entre Paris et Coblence, ce trajet s'effectue en 11 heures en tenant compte de la différence, de 55 minutes, entre l'heure française et l'heure allemande et les voyageurs jouissent du beau panorama qui se déroule le long de la Moselle depuis la frontière luxembourgeoise jusqu'à Coblence, ville très pittoresque au confluent de la Moselle et du Rhin.

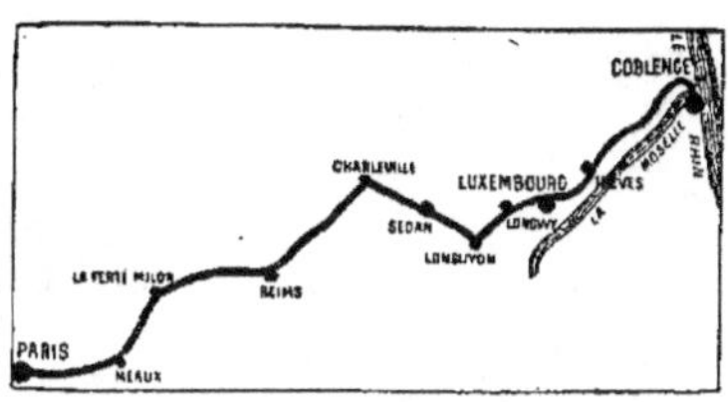

Les Voitures sont directes entre Paris et Luxembourg et les Horaires des trains fixés comme suit :

I. — DE PARIS				II. — VERS PARIS				
Paris............	8 15 m. *	12 45 s. *	9 50 s. *	Coblence	—	8 43 m. **	11 25 m. **	—
Longwy..........	2 04 s. *	7 25 s. *	4 55 m. *	Luxembourg.......	6 » m. **	12 46 s. *	5 02 s. **	7 20 s. **
Luxembourg......	4 07 s. **	9 30 s. **	6 54 m. **	Longwy............	6 » m. *	12 43 s. *	5 25 s. *	7 42 s. *
Coblence.........	8 » s. **	—	10 28 m. **	Paris	11 36 m. *	6 28 s. *	11 35 s. *	5 46 m. *

NOTA. — Heures françaises *. — H E C. **

PRIX DES BILLETS SIMPLES : Paris-Luxembourg — 1re cl. **41 fr. 40** — 2e cl. **28 fr. 05** — 3e cl. **18 fr. 35.**

PRIX DES BILLETS ALLER & RETOUR : Paris-Luxembourg. — 1re cl. **62 fr. 10** — 2e cl. **44 fr. 55** — 3e cl. **29 fr. 20.**

Billets directs simples. — Des billets directs simples de 1re, 2e et 3e classes sont délivrés toute l'année de Paris à Luxembourg, Trèves, Coblence et Ems. — Ces Billets sont valables cinq jours, sauf ceux pour Luxembourg, qui ne sont valables que pour un voyage direct.

Billets directs d'Aller et Retour. — Des billets directs d'aller et retour valables dix jours sont délivrés de Paris à Luxembourg et Trèves ou vice-versa.

COMPAGNIE de NAVIGATION MIXTE

(Cie Touache)

PAQUEBOTS-POSTE FRANÇAIS

ALGÉRIE, TUNISIE, SICILE, TRIPOLITAINE, & MAROC

LYON, Siège Social, 41, rue de la République.
MARSEILLE : Exploitation, 54, rue Cannebière ;
PARIS : MM. Laurette et Ambroise, Agents, 51, rue du Faubourg-Poissonnière ;
Bureau des Passages : 9, rue de Rome ;

CETTE : Agence, 13, quai Bosc ;
PORT-VENDRES : Agence, Gare Maritime ;
NICE : Agence, 1, quai Lunel ;
Et aux Agences : Cook, Lubin, Fournier, Duchemin, H. Gaze et Sons, etc.

DÉPARTS DE MARSEILLE :

Service Postal sur **Tunis** (rapide), Sousse Monastir, Mehdia, Sfax, Gabès, Djerbah et **Tripoli**, retour par les mêmes escales. Tous les mercredis, 1 heure soir.
Service sur **Oran** (direct). Tous les mercredis, 6 heures soir.
Service Postal, par quinzaine, sur Béni-Saf. Nemours. Mélilla Tétouan. Gibraltar et Tanger.
Service par quinzaine sur Oran, Nemours, Mélilla et Malaga.

Service Postal sur **Philippeville** (rap.) et **Bône**. Les Jeud. midi.
Service sur **Alger** (rapide). Tous les jeudis 6 heures soir.
Service rapide sur **Tunis, Palerme** et retour tous les dimanches à midi (Via **Bizerte** une fois par quinzaine).
Service sur **Cette-Port-Vendres** et Alger. Les samedis, 8 h. soir.
Service commercial sur Mostaganem, Arzew (Cette facult.), tous les 10 jours.

DÉPARTS DE PORT-VENDRES ET CETTE :

Service Postal de **Port-Vendres** pour Oran (rapide), tous les vendredis, 3 h. 30 soir.
Service Postal de **Port-Vendres** pour Alger (rapide), tous les dimanches, 8 heures soir,
Service de **Port-Vendres** pour **Cette**. Mercredi matin et jeudi soir.
Service de **Port-Vendres** pour Marseille. Tous les jeudis soir.
Service Commun avec les Chemins de Fer. — Toutes les gares

françaises délivrent, aux conditions du tarif commun GV No 205 des chemins de fer, des billets circulaires à itinéraires facultatifs, établis au gré des voyageurs, **valables 90 jours,** et comportant à la fois des parcours en chemin de fer et des traversées maritimes à effectuer à prix réduits sur les paquebots de la **Compagnie de Navigation Mixte.** Ces billets permettent l'arrêt facultatif dans tous les ports ou gares de l'itinéraire qu'ils comportent.

La COMPAGNIE est chargée par l'ADMINISTRATION des POSTES du transport des **COLIS POSTAUX**

PRIX DES PASSAGES POUR TUNIS

		1re	2e	3e	4e	
Postal le mercredi . . .	et vice-versa.	95	65	28	14	Droit de canal en sus.
Commercial le Samedi.		75	50	25	12	

VITTEL chez SOI

ARTHRITISME

GRANDE SOURCE

GOUTTE — GRAVELLE

VOIES URINAIRES

SOURCE SALÉE

CALCULS ET SABLES BILIAIRES — CONGESTIONS — CONSTIPATIONS

VITTEL chez SOI doit son extraordinaire succès : 1° A leur parfaite conservation ; 2° A leur proportion exceptionnellement favorable de *Sulfate de chaux* par rapport aux autres éléments minéralisateurs, proportion qui les a fait placer en tête des eaux similaires par le rapporteur de l'Académie de médecine.

L'Eau de la GRANDE SOURCE est par excellence L'EAU de TABLE des Arthritiques.

Le célèbre professeur **Lecorché** a, dans son ouvrage devenu classique sur la *goutte*, démontré que l'eau de la **Grande Source** détruit l'excès de l'*Acide urique* à mesure qu'il se forme dans l'organisme chez les arthritiques et par là écrase dans l'œuf la goutte, la gravelle, la colique néphrétique, hépatique, le diabète, etc.

Pour cela, boire : 1° Tous les matins à jeun un ou deux verres *Grande Source* ;

2° A tous les repas *Grande Source* pure ou coupée.

LUCERNE

MAURICE

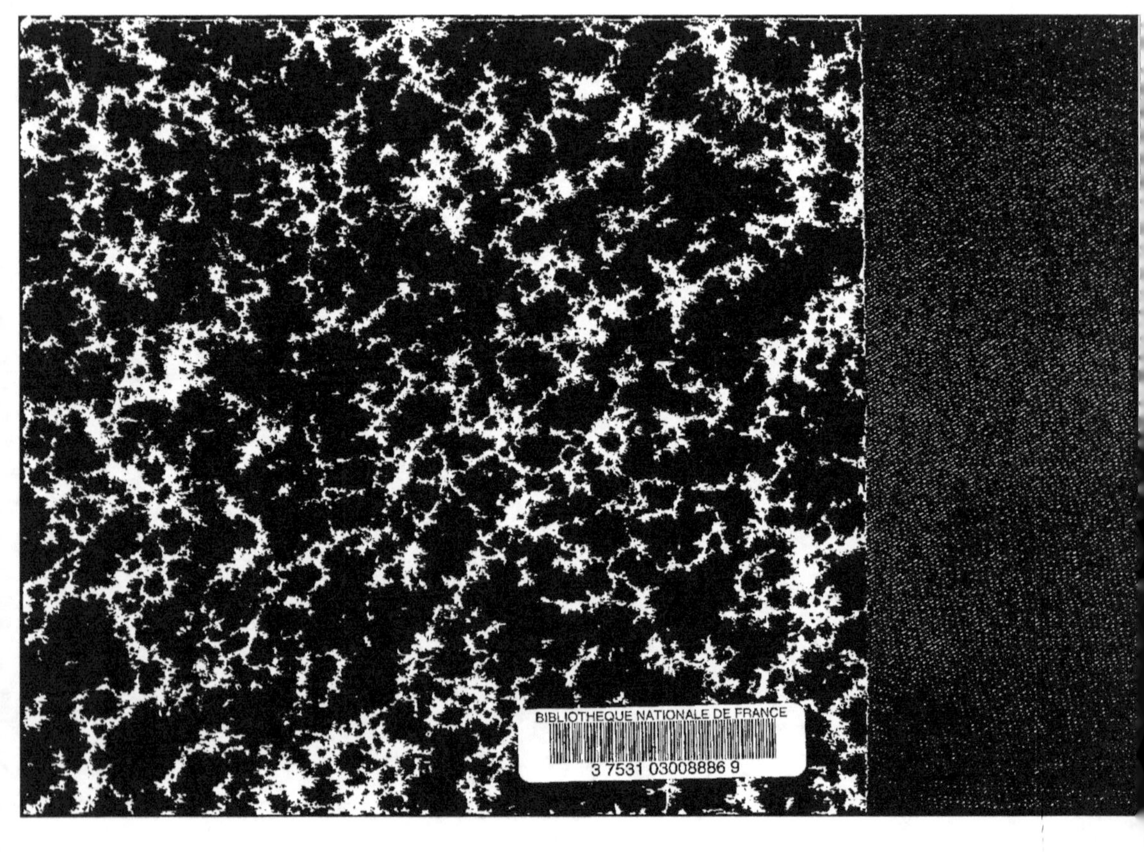